Let's Go! HIPHOP

차 례

X세대 히트 춤 ② 힙합 붐이 몰려오고 있다!

레츠고 힙합

Let's Go HipHop

KICK IT UP 자료제공
MOON PROJECT 편

太乙出版社

힙합! 그 이어지는 열풍

이제 우리 나라에서도 힙합은 생소하다기보다 발전된 문화로서의 역할을 굳혀가고 있다. 특히, 영상 매체의 비중이 커져 가는 현대에서는 관심도가 더욱 높아지는 부분이라 할 수 있다.

힙합은 랩과 연관되어 발전한 청소년들의 즉흥적인 문화 조류인 만큼 일정한 형태나 규칙이 정해져 있지는 않고 다만 리듬에 맞추어 따라하는 율동이 대부분이었다. 발과 팔을 주로 사용하면서 좀 더 멋있는 포즈를 보여줬던 힙합은 이제 몸 전체를 통해 청소년의 솟구쳐 오르는 욕구를 표현하게 되면서 그 인기는 갈수록 가세를 더하고 있다.

힙합은 우선 음악적인 면에서 그 개성이 뚜렷하게 표현되다가 우리 나라에서는 백 댄서의 조화가 이루어지면서 춤이라는 한 장르로 주목받기 시작했는데 이제는 어느 곳에서도 쉽게 접할 수 있는 형태로 그 특성이 나타나고 있다.

춤이란 결코 어려운 것이 아니다. 힙합의 의미처럼 엉덩이만 들썩일 줄 안다면 누구나 그 흥을 느낄 수 있는 분야이다. 대개 리듬감을 잘 따라가지 못하는 사람들은 힙합을 더욱 어렵게 생각하기 쉬운데, 빠른 랩이 있는 반면 느린 랩도 있듯이 힙합에도 천천히 따라 할 수 있는 동작부터 빠른 스텝으로 고난이도를 요구하는 테크닉까지 다양한 면이 있다.

그래서 때로는 강한 훈련을 되풀이해야 하는 힘든 부분이 있는데 전편에서도 강조했듯이 빠른 실력 증진과 부상 방지를 위해서는 간단한 동작이라 할지라도 최소한 준비운동 20분, 정리운동

속으로 다같이 Let's Go~~♫♪♪

10분은 반드시 지켜야 함을 소홀히 해서는 안 된다.

전편에서는 힙합의 여러 가지 다양한 춤의 기본적인 동작과 더불어 몇 가지의 안무만을 소개했지만, 이번에는 조금 더 체계적인 순서로 고난이도의 기술을 위한 기본적인 자세에 더욱 중점을 맞추었다.

춤은 기본이 가장 중요하다. 기본 자세가 잡혀지지 않으면 아무리 잘한다 해도 멋진 포즈를 취할 수 없다. 따라서 여기에 구성되어진 동작들은 가능한 한 기초를 체계적으로 익힐 수 있도록 하였으며 연습 동작과 더불어 응용으로 이어지는 테크닉을 소개하고 있다. 테크닉으로 이어지려면 결코 단시간에 할 수는 없지만 우선 설명과 함께 차근차근 동작을 따라하면서 이해를 한 뒤, 익힌 각각의 동작을 연속으로 이어서 연습하다가 빠른 리듬에 맞춰보도록 한다. 여기까지 되었다면 이제 자신의 개성을 표현할 수 있는 멋있는 힙합 춤을 연출해 보자.

이 책에 수록된 힙합 뮤지션에 대한 자료는 요즘 네티즌에게 각광을 받고 있는 인터넷 사이트 YoulChon에서 참조하여 힙합에 관심을 갖고 있는 독자에게 조금이나마 도움을 줄 수 있도록 소개하였다. 힙합 문화의 대중화에 공헌하고 있는 YoulChon 관계자 여러분에게 진심으로 감사를 드린다.

자, 그럼 책장을 넘길 준비가 되었다면 이제 힙합 춤의 열풍 속으로, Let's Go~~♫♪♪

힙합 댄스 용어 I

✤ 업락(Up Lock)
단순히 음악의 리듬을 타면서 스텝을 밟아주는 동작으로 고난이도의 기술을 요하는 것은 아님.

✤ 풋워크(Foot Walk)
대부분 앉아서 하는 동작으로 발 바꾸기를 다양하게 하면서 춤의 형태를 변형시킴.

✤ 프리즈(Freeze)
춤의 마지막에 취하는 포즈를 일컫는데, 대부분 춤추는 사람의 개성을 표현한 연속 동작의 마무리 자세.

프리즈 연습 동작

✤ 킥(Kick)
◇ 원킥(One Kick)
뒤로 팔을 짚고 누운 상태에서 어느 쪽 한 다리를 차주는 동작.

◇ 투킥(Two Kick)
앉아있는 자세(상태)에서 손을 적당한 거리에 두고 뒤로 쭉 뻗어서 짚어주는 동시에 양 다리 모두를 몸 쪽으로 끌어 당겼다가 다시 원래 앉아있던 상태로 되돌아오는 동작.

◇ 쓰리킥(Three Kick)
한 손만 바닥에 짚고 다른 한 손은 다리와 함께 공중으로 쭉 뻗어 올려주는 것.

힙합 댄스 용어 II

❦ 웜(Worm)

몸을 낮게 눕혀서 벌레와 같이 바닥을 기어가는 자세.

❦ 킥웜(Kick Worm)

위로 점프했다가 내려오는 동시에 뒷다리를 위로 차면서 목부터 골반까지 차례로 땅에 닿게 하는 동작. 몸이 위에서 아래로 내려오는 순간에 뒷발길질을 해야 하고, 위로 올라가 있는 발이 내려오는 찰나에 반대쪽의 발로 힘껏 차는 동작을 시작하는 것이 이 동작의 특징.

킥웜 응용 안무 동작

❦ 나이키(Nike)

옆으로 재주넘는 동작을 하다가 양다리를 허리에 붙이는 자세.

❦ 토마스 플레어(Tomas Flare)

한 손씩 거의 땅에 붙을 정도로 빨리빨리 손을 번갈아 주면서 탄력성 있는 허리로 돌리는 것. 약칭으로 '토마스(Tomas)'라고 함.

❦ 윈드밀(Wind Mill)

상당히 고난이도의 기술인데, 양 발을 벌린 채 회전하면서 몸을 띄우는 것처럼 보이도록 취하는 자세.

❦ 나인틴(Ninteen)

한 손으로 물구나무서기 전에 다리를 돌리면서 서는 것으로 물구나무를 한 모양에서 돌아가는 것.

힙합 댄스 용어 Ⅲ

✤ 베이비 스와입스(Baby Swipes)

상체는 바닥에, 하체는 공중에 떠서 서로 따로 돌아가는 느낌이 나는 동작으로 다리를 돌리는 것. 다른 춤동작에 비해 종류가 다양한데, 연속 동작으로 하는 연속 베이비 스와입스와 한 다리로만 땅을 짚는 원레그 베이비 스와입스, 손을 짚지 않고 팔꿈치로만 연속하는 엘보우 베이비 스와입스 등이 대표적인 동작.

베이비 스와입스 연습 동작

✤ 스핑크스(Shpinx)

여러 명이 줄지어 하는 안무로 동작마다 각이 지는 듯한 형태로 이루어짐.

✤ 체스트 웨이브(Chest Wave)

가슴을 좌에서 우로 혹은 우에서 좌로 움직여주는 동작. 원을 그리듯이 가슴을 앞으로 내밀거나 뒤로 당기듯이 하고, 벌어진 발을 안쪽으로 당겨서 모아주듯 하는 것이 체스트 웨이브의 특징.

✤ 웨이스트 웨이브(Waist Wave)

무릎 이하와 가슴 이상의 부위는 움직이지 않고 크게 원을 그리듯 허리를 움직여주는 것. 양 발을 번갈아 가며 돌리는 동안 양 발끼리 돌아가며 서로 뛰어넘듯이 뒤쪽으로 살짝 차주는 연속 동작이 웨이스트 웨이브의 키포인트.

PART 1

BREAKING

브레이킹

Let's Go～～♬♪♪ 업락(Up Lock)

 업락 Point ――

서서하는 동작으로 다리를 리듬감 있게 내딛는데 팔 동작은 마음대로 자연스럽게 움직여주면 된다. 특히, 발을 바꾸는데 유의한다. 업락의 발 동작을 여러 번 반복하면서 새로운 동작을 만들어 갈 수 있다.

★ 업락 기본 다리 동작 ①

1 왼발을 놓으면서 왼손을 들어준다.

2 오른발을 왼쪽으로 내딛으면서 오른팔을 뻗어준다.

 3 오른발을 오른쪽으로 내딛는다.

왼다리를 내딛어 준다. 이 동작을 오른쪽 왼쪽으로 번갈아가면서 여러 번 해보기도 하고 또는 다음 동작으로 이어간다.

4

★ 업락 기본 다리 동작 ②

1

오른발을
내딛고

2

반대로 왼발을
내딛는다.

3

오른발을 내리면
서 왼발의 앞을
세워준다.

4

왼발을 바닥에
붙이면서 오른
발을 차준다.

18

5

다시 왼발을
차면서

6

오른쪽으로
내딛고

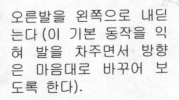

7

오른발을 왼쪽으로 내딛
는다(이 기본 동작을 익
혀 발을 차주면서 방향
은 마음대로 바꾸어 보
도록 한다).

★ 업락 기본 다리 동작 ③

팔 동작도 같이 주의하면서 본다.

1

오른발을 앞으로 내딛으면서 왼팔을 가슴까지 올린다.

2

왼발을 옆으로 내딛으면서 반대로 오른팔을 올린다.

3

상체를 바로 하면서 오른 발을 찬다.

4

반대로 왼발을 찬다.

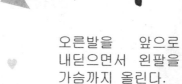

5

무릎을 굽히
면서 양손을
무릎 위에 놓
는다.

6

일어서면서 오
른발을 옆으로
내딛는다.

7

반대로 왼발
을 옆으로 내
딛는다.

8

상체를 바
로 하면서
오른발을
찬다.

12

11

일어서면서 오른
발을 왼쪽으로 내
딛고 양손은 오른
쪽으로 한다.

다시 왼다리를
앞으로 하면서
양손은 왼쪽으
로 한다.

10

9

다리를 쫙 펴고
두 손은 양 무릎
위에 놓는다.

앉았다가

22

13

오른다리를
왼다리 앞으
로 하는 동
시에 시계반
대 방향으로
돌면서

14

상체를 숙
여 양손을
바닥에 짚
는다.

15

오른다리를
옆으로 편다.

16

상체를 세우면서
시계 방향으로
돈다.

★ 업락 연습 동작 ①

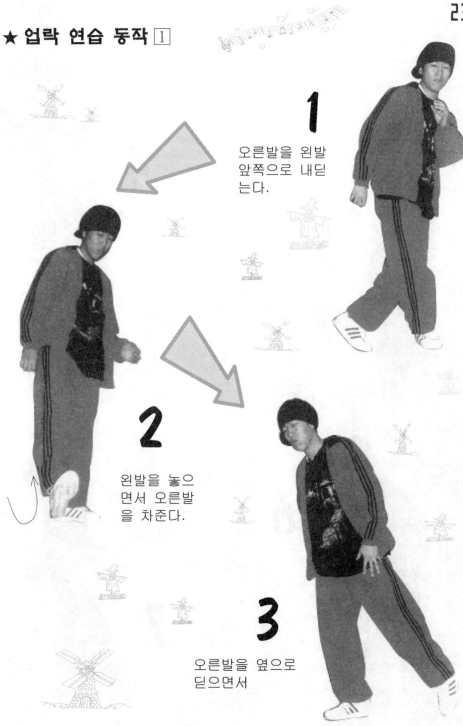

1 오른발을 왼발 앞쪽으로 내딛 는다.

2 왼발을 놓으 면서 오른발 을 차준다.

3 오른발을 옆으로 딛으면서

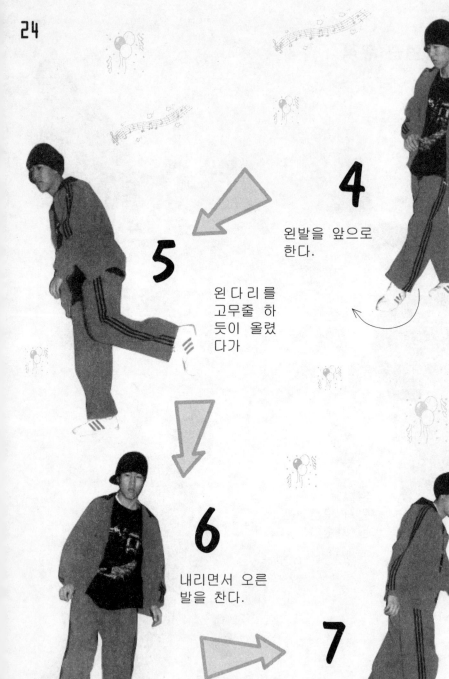

4

왼발을 앞으로
한다.

5

왼 다 리 를
고무줄 하
듯이 올렸
다가

6

내리면서 오른
발을 찬다.

7

오른발을 왼쪽으
로 내딛으면서

10

왼발을 오른쪽으
로 내딛으면서 다
시 방향을 바꾸어
준다. 이와 같이
방향을 바꾸어가
며 반복해 본다.

9

내리면서 왼
발을 차준다.

8

오 른 다 리 를
고무줄 하듯
이 올렸다가

★ 업락 연습 동작 ②

1

준비자세.

2

상체를 숙여
주면서 오른
발을 앞으로
한다.

3

반대로 왼발을
앞으로 한다.

4

오른쪽으로 방
향을 틀면서
오른발을 앞으
로 내딛는다.

5

다시 왼발을
내딛고

6

오른발을 앞으로 한다.

7

왼쪽으로 방향
을 틀면서 왼
발을 앞으로
내딛고,

반대로 오른발을 내딛
는다 (발 동작을 반복
하면서 여러 방향으로
바꾸어 본다).

8

★ 업락 응용 안무

발을 차고 내딛는 것은 시계추처럼
움직여준다.

1

오른발을
내딛고

왼발을
내딛는다.

2

3

다시 오른발을 내딛
었다가 오른발 앞꿈
치만 들어준다.

6

오른발을
놓으면서
왼발을 차
준다.

5

왼발을 놓으
면서 오른발
을 차준다.

오른발을
왼발 앞에
놓았다가

4

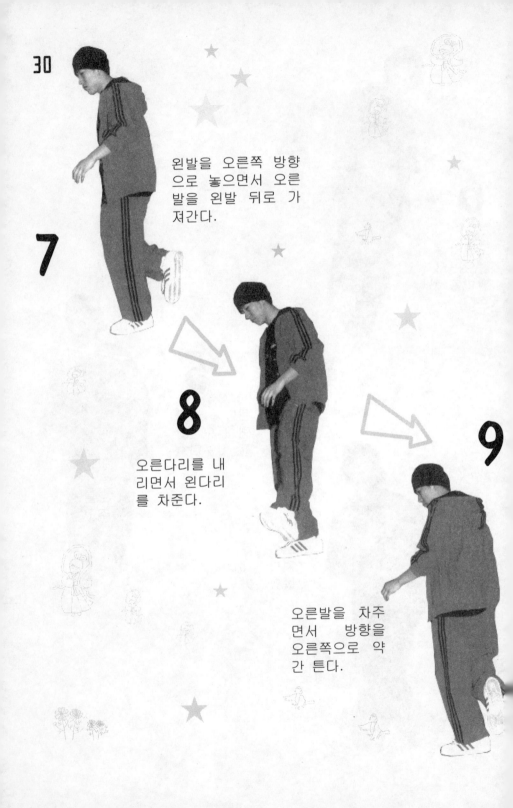

7

왼발을 오른쪽 방향
으로 놓으면서 오른
발을 왼발 뒤로 가
져간다.

8

오른다리를 내
리면서 왼다리
를 차준다.

9

오른발을 차주
면서 방향을
오른쪽으로 약
간 튼다.

다시   오른발을
내리면서 왼발을
화살표 방향으로
차주고,

12

11

10

왼발을 내리
면서 오른발
을 차주고,

오른발을
내리면서
왼발을
차주고

☞ 잠깐!

1-8번까지의 발 동작은 방향을 달
리하면서 여러 번 반복하거나 바
로 다음 동작으로 넘어가도 되고,
또는 한 바퀴 도는 동작(9-14번
까지)을 같이 혼합해서 다른 동작
을 만들어 볼 수도 있다.

32

13

다시 왼발을
내리면서 오른
발을 차주고,

14

또 오른발을
내리면서 왼
발을 차준다.

15

왼발을
내리면서

18

오른발을 차고

17

반대로 왼발
을 왼쪽으로
내딛으면서

16

오른발을 오른쪽
방향으로 내딛어
준다.

21

20

일어서면서 왼
다리를 오른다
리 뒤로 뻗고

재빨리 무릎을 꿇으
면서 양손을 무릎
위에 놓는다.

19

왼발을 차준다.

22

다시 오른다
리를 왼쪽
뒤로 뺀다.

23

오른다리를 든
채 시계방향으
로 돌면서

24

다리를 내리고
마무리를 한다.

2 Let's Go~~♬♪♪
풋워크(Foot Walk)

 풋워크 Point——
풋워크는 거의 앉아서 하는 동작으로 여러 방향으로 발 바꾸기를 하면서
춤의 형태를 다양하게 할 수 있다.

★ 풋워크 기본 다리 동작 ①

1

기본자세.

2

왼다리를 오른쪽
으로 뻗어주면서

3

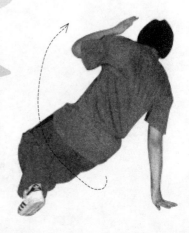

오른손을 바닥에 짚
으면서 몸을 오른쪽
을 돌려 오른다리를
앞으로 뻗어준 뒤

재빨리 오른팔을 지탱시
키는 동시에 오른다리를
앞으로 내밀면서

왼손을 바닥에 짚는다.

왼팔을 지탱시켜
왼다리를 앞으로
했다가

손을 바닥에 짚는다.

38

8

왼팔에 힘을 준
채 왼다리를 오른
다리 앞으로 뻗고

9

다시　오른손을
바닥에 짚으면서
오른다리를 왼쪽
으로 뻗어준다.

10

왼손을 오른손과 함
께 짚으면서 지금까
지의 동작을 반복하
거나 다른 동작으로
이어준다.

★ 풋워크 기본 다리 동작 ②

1

준비자세

2

왼팔을 지탱하여
왼다리를 오른쪽
을 뻗는다.

3

오른발을 왼다리
뒤에 가져온다.

4

왼다리를 조금 더
옆으로 옮긴다.

5

왼다리를 굽히
는 동시에

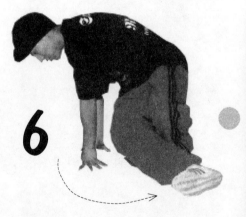

6

오른다리를 원 그
리듯 끌어온다.

9

오른손을 바닥
에 짚어주면서
반대로 오른다
리를 뻗어준다.

8

왼손을 지탱하면서
왼다리를 오른다리
앞으로 뻗어준다.

7

오른다리를 옆
으로 펴면서
양다리를 벌려
준다.

10

몸을 돌려 왼손을
바닥에 짚으면서 오
른다리를 왼다리 앞
으로 뻗어준다.

11

왼다리를 뻗어 주면서
(Point-여기서 중심을
잡기 위해 손은 양옆으
로 쫙 펴준다).

12

오른다리를 옆으로 펴준다.

★ 풋워크 응용 안무 ①

1

준비자세

2

왼손을 지탱하고 왼다
리를 앞으로 뻗는다.

3

오른손을 짚으면서
오른다리를 왼쪽으
로 뻗어준다.

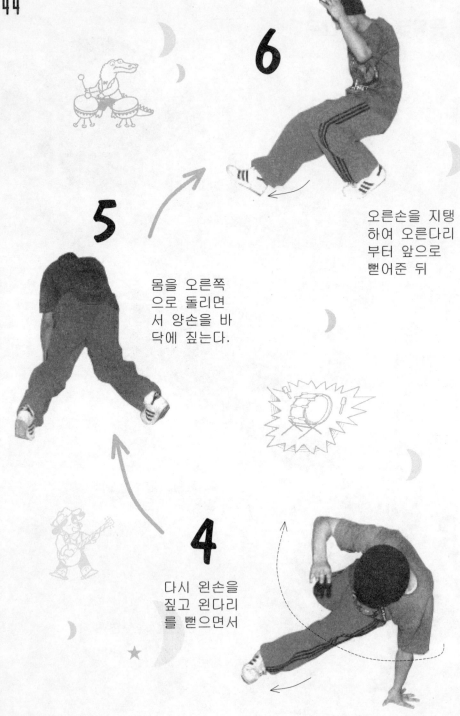

6

오른손을 지탱
하여 오른다리
부터 앞으로
뻗어준 뒤

5

몸을 오른쪽
으로 돌리면
서 양손을 바
닥에 짚는다.

4

다시 왼손을
짚고 왼다리
를 뻗으면서

7

반대로 왼손을
짚으면서 왼다
리를 뻗어준다.

8

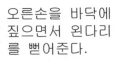

오른손을 바닥에
짚으면서 왼다리
를 뻗어준다.

9

반대로 오른
다리를 뻗어
준다.

10

몸을 위로 돌려

11

왼손을 지탱하면서
왼다리를 오른다리
위에 얹는다.

★ 풋워크 응용 안무 ②

1

준비자세

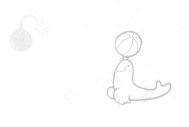

2

왼다리를 오른쪽
으로 뻗으면서

3

몸을 돌리는 동시
에 오른다리를 왼
쪽으로 뻗어준다.

4

다시 오른다리
를 왼다리 앞
으로 뻗어주고

5

또다시 몸을 돌리면
서 오른다리를 왼쪽
앞으로 뻗어준다.

6

왼손을 바닥에 지
탱시키면서 오른
다리를 펴준다.

9 오른쪽 방향으로
오른손을 바닥에
짚으면서 오른다
리를 왼다리 앞으
로 뻗어준다.

오른다리를 사선
으로 뻗어준다. **8**

7

오른다리를 굽히
면서 왼다리를
안쪽으로 휘감아
서 무릎꿇으며

몸을 　시계방향
으로 하여 왼손
을 축으로 왼다
리를 뻗어주고

발을 바꾸어 재빨리
오른다리를 뻗어준다
(10번과 11번을 　한
번 더 해줌).

12

몸을 오른쪽으로 돌려

왼다리를 둥글려서

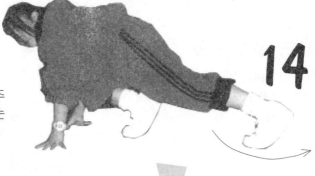

뒤쪽으로 뻗어주
면서 오른다리는
가슴까지 바짝
당겨준다.

14

15

몸을 오른쪽으로
틀면서 왼다리를
뻗어주었다가

16

오른다리를 굽혀 왼
다리를 올려주면서
마무리한다.

★ 풋워크 응용 안무 ③

한쪽 발이 나가면 다음 발이 뒤쫓아가는 형태
로 돌려주는데 이때 발은 끌어서 이어준다.

왼손을 지탱하여
왼다리를 오른쪽
으로 뻗어준다.

오른발을 왼발
뒤에 놓으면서

다시 왼발을 약간
앞으로 뻗어주면서
다시 오른발이 뒤
따라간다.

양손을 바닥에 짚으면서
오른다리는 왼다리 앞을
지나 양옆으로 벌려준다.

오른발이 따라간다.

오른손을 지탱시
켜 왼발을 굽혀
뒤로 빼면서

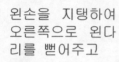

7

왼손을 지탱하여
오른쪽으로 왼다
리를 뻗어주고

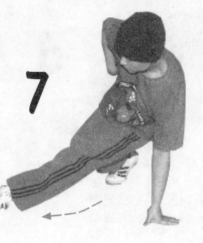

8

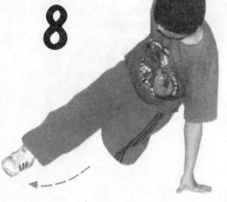

재빨리 오른다리를
뻗어준다.

9

왼다리를 오른다리의 무릎
뒤에 받쳐서 오른다리를
굽혔다가 편다.

12

발을 바꾸어 왼다
리를 뻗어준다.

11

오른쪽으로 몸을 돌
리면서 양손을 바닥
에 짚은 채 왼다리는
구부리고, 오른다리는
뒤로 뻗어준다.

10

오른손을 머리위로 올리
면서 왼다리를 오른다리
무릎 위에 올리고

56

13

왼손으로 지탱하여 왼
다리를 다시 앞으로
뻗어주고

14

반대로 오른손을 지탱하여
오른다리를 뻗어주면서 다
른 동작으로 이어준다.

◆ 힙합 의상

  빈민가에 살았던 대부분의 흑인들은 고가품의 옷이나 생활용
품을 살 여유가 없었기 때문에 옷을 통해 자신들의 개성을 나타
내고자 하였다. 그래서 폭이 펑퍼짐하게 넓고 요란스러운 스타일
의 독특한 의상을 만들었는데 이러한 힙합 바지는 흑인 문화의
영향을 받아 세계적으로 유행하고 있다.

★ 풋워크 응용 안무 ④

1

준비자세

2

오른다리로 반원을 그리며 왼다리를 감아준다.

3

연속

오른다리로 감아준 상태.

4

왼손으로 지탱하면서 왼다리를 앞으로 뻗는다.

5

반대로 오른손을 지탱시켜 오른다리를 뻗어준다.

7

오른손으로 지탱하여
몸을 틀면서 감겨졌던
왼다리를 뒤로 뺀다.

6

왼손을 오른손과
함께 바닥에 짚
으면서 오른다리
로 왼다리를 감
아준다.

8

왼손을 바닥에 짚으면서
오른다리는 굽히고 왼다
리를 뻗어준다.

9

다시 오른손을 바닥에
짚으면서 몸을 돌려

왼다리를 내
리면서 왼다
리의 무릎을
오른쪽 무릎
에 댄다.

왼팔의 팔꿈치까
지를 바닥에 붙
이면서 왼다리를
오른다리 앞으로
쭉 뻗어준다.

11

10

17

다리를 옆으로
쫙 벌린 뒤

16

발을 바꾸어
오른다리를
뻗어준다.

몸을 돌려 왼손을 바
닥에 짚으면서 왼다
리를 뒤로 뻗어준다.

15

왼다리를 구부
리는 동시에 오
른손으로 지탱
하여 오른다리
를 뻗어준다.

14

허리를 쫙 펴면
서 왼다리와 왼
쪽 팔꿈치에 힘
을 주어 오른다
리를 왼다리 위
에 놓는다.

오른팔을 바닥
에 짚으면서 오
른다리는 굽혀
주고 왼다리는
뻗어준다.

12

13

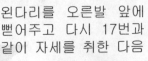

18

19

왼다리를 오른발 앞에
뻗어주고 다시 17번과
같이 자세를 취한 다음

이번에는 오른
다리를 왼쪽으
로 뻗어

20

21

왼다리를 감싸주면서

감싼 오른다리를 축
으로 하여 왼쪽으로
몸을 돌리면서

23

연 속(돌아온 상태).

22

시계반대 방향으로 돈다.

3 Let's Go~~♬♪♪
프리즈(Freeze)

★ 프리즈 연습 동작 ①

1

왼다리를 오른쪽
으로 휘둘려서

2

펴는 동시에

3

양팔을 바닥에
짚으면서

4

오른쪽 무릎을 오른쪽
팔꿈치에 대고 양팔에
힘을 실어 다리와 머리
를 들어준다.

★ 프리즈 연습 동작 ②

1

준비자세

2

몸을 돌려 오른손을
바닥에 짚으면서

왼다리를 들어주는 동시
에 오른다리를 들어

3

머리와 양팔에 힘
을 준 채 공중에
서 다리의 포즈를
취해준다.

5

연
속

다리모양을 더
욱 크게 해줌.

4

★ 프리즈 연습 동작 ③

1 준비자세

2 왼손을 바닥에 짚으면서

3 왼다리를 오른다리 밑으로 뻗으면서

4 몸을 돌리는 동시에 오른손은 바닥에 짚고, 왼다리는 오른다리의 무릎 위에 놓으면서 마무리 자세를 취한다.

★ 연속 응용 동작 ①

(풋워크, 프리즈 연결)

1

준비자세

2

왼손을 지탱하고 왼
다리를 오른쪽으로
뻗는다.

3

왼다리를 오른다리
무릎 위에 대고 몸
을 돌리면서

4

양팔과 머리에
힘을 준 채

다리를 들면
서 프리즈를
취한다.

5

★ 연속 응용 동작 ②

(업락, 풋워크, 프리즈 연결)

오른다리를 들었
다가(업락)

1

차려 자세에서 오
른다리를 왼다리
앞으로 하면서 양
팔을 위로 올린다
(업락).

4

오른다리를 왼
쪽으로 뻗어주
고(풋워크)

3

양다리를 옆으로 벌려주면서
오른손을 바닥에 짚는다.

5

재빨리 반대
로 왼손을
지탱시키면
서 왼다리를
뻗어준 후
(풋워크)

6

7

오른손을 바닥에
짚으면서(풋워크)

오른다리를 왼
다리 앞으로 뻗
어준다(풋워크)

8

왼손을 짚으면서
다시 왼다리를
오른다리 앞으로
뻗고(풋워크)

오른다리를 구
부리는 동시에
왼다리를 쭉 뻗
는다(풋워크).

9

10

오른다리를 둥글
려서 (풋워크)

11

이같이 다리 바꾸기를 한번 더 한 후, 왼다리를 축으로 몸을 돌려서 오른손을 바닥에 짚었다가(풋워크)

12

다시 몸을 반대로 돌리는 동시에 (풋워크)

13

오른발을 왼다리의 무릎 위에 놓은 채(풋워크)

14

왼쪽으로 몸을 돌려 양손을 바닥에 짚는다.

15

양팔에 힘을 주면서 프리즈로 마무리한다 (프리즈).

★ 4 Let's Go~~♬♪♪ 킥(Kick)

🍊 킥 Point——

유연성이 중요한데 무릎을 굽히지 않고 이마에 댈 수 있을 정도로 유연해
야 한다. 스프링에 의해 튕겨서 일어나는 것을 연상하면 된다.

★ 원킥(One Kick) 연습 동작

몸을 조금 움츠린 상태에서 시작한다. 상
체를 뒤로 눕히는 동시에 한발을 위로 차
면서 뒤쪽 바닥에 양손을 대고 재빨리 반
동을 일으켜 일어난다.

동시에 양손
을 뒤로 짚고
두 다리를 앞
으로 뻗으면
서 오른다리
를 들어준다.

1

준비자세

2

4

오른다리를
내려주면서
자세를 마
무리한다.

3

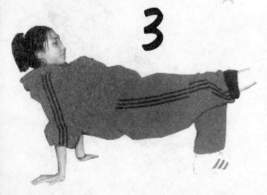

오른다리를 올렸다
내렸다 한 번 해
준 뒤, 올렸다가

★ 투킥(Two Kick)

이 역시 몸을 약간 움츠린 상태에서 시작하여 상체를 뒤로 눕히는 동시에 뒷바닥에 양손을 빨리 놓으면서 두발로 공중을 찬다. 눈은 위를 주시하되 연습을 필요로 한다. 허리 탄력으로 일어나는 동작으로 주로 원킥과 연계 동작으로 쓰인다.

★ 쓰리킥(Three Kick)

투킥과 비슷한데 가령, 오른팔로 받친다면 손을 약간 오른쪽으로 튼다. 쓰리킥은 한 손으로 받치기 때문에 점프를 해서 발을 먼저 올리고 손을 대는 동시에 양발과 한 손이 올라오자마자 바로 튕겨 준다. 쓰리킥을 하려면 투킥을 완벽하게 해야 한다.

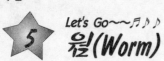

5 Let's Go～～♬♪♪
월(Worm)

 웜 Point——
누운 자세에서 벌레가 기어가는 모양으로 몸에 굴곡을 준다.

★ 웜의 연습 동작

1

준비자세

2

양손을 바닥에 짚으면서 다리 부분부터 눕힌다.

3

연 속
(배까지 눕힌 모습).

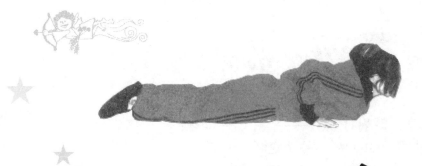

연 속
(가슴까지
눕힌 모습)

4

5

다리를 들었다가

6

내리면서 상체를
들어준다.

Let's Go~~♬♪♪
킥웜(Kick Worm)

킥웜 Point——
다리를 차고 나서 웜을 해준다.

★ 킥웜의 연습 동작

1 준비자세

2 오른다리를 위
로 차면서

4 왼다리를 바
짝 붙이면서

3

하체를 눕힌다.

6 오른다리를
굽히면서
자세를 마
무리한다.

5 오른다리를 왼
다리 위에 올려
준다.

★ 킥웝 응용 안무

Point-점프를 해서 몸을 띄운다.

준비자세

1

2

일어섰다가

3

두 손을 바닥에 짚
으면서 두 다리를
공중에 띄운다.

4

다리를 내리면서
킥웝을 한다.

74

5

팔을 구부려 준다.

6

하체를 바닥에
붙여주면서

7

양다리를 다 바닥에
내려 놓는다.

8

상체를 들면서 자세를
마무리한다.

7 Let's Go~~♬♪♪
나이키(Nike)

나이키 Point——
옆으로 재주넘는 동작을 취하다가 두 다리를 허리에 확~ 붙이는 것이다.

★ 나이키 연습 동작

1

차려 자세에서 오른 발부터 왼쪽 사선으로 내딛으면서 양팔을 벌린다.

2

오른발을 제자리로 가져가면서 양팔은 가슴 앞에서 교차시 킨다.

3

반대로 왼발을 오른 쪽 사선으로 내딛으 면서 양팔을 벌린다.

4

왼발을 제자리로 가져
가면서 팔은 2번과 같
이 교차시켰다가 재빨
리 오른발을 왼발 옆
으로 가져간다.

5

재빨리 오른다리를
축으로 왼다리와 오
른팔을 쫙 뻗는다.

6

오른손을 바닥에
짚으면서

7

다리를 공중에 띄워
마무리한다.

⭐8 Let's Go~~♬♪♪
토마스(Tomas)

🍇 토마스 Point——

체조의 안마와 유사하게 다리만 돌려준다. 토마스는 우선 공중에 최대한 떠야 오른발을 뒤로 보낼 수 있는데 오른발을 최대한 위로 차준다. 그리고 손은 너무 벌려서 짚게 되면 몸의 체공 시간이 적어지므로 최대한 좁게 짚어준다. 우선 양발을 어깨 넓이보다 약간 넓게 벌린 상태에서 왼손을 가운데에 짚는다. 오른발의 무릎 있는 곳으로 보내는데 이때 무릎에 가까이 왔을 때 오른발을 위로 확 차준다. 동시에 왼발도 왼쪽으로 힘껏 차준다. 이 두 발이 동시에 뜰 때까지 왼손만으로 받치고 있는 것이 정상이다. 다음은 다리가 V자가 되면서 오른손을 뒤에 짚어준다. 그리고 오른발을 왼발의 밑으로 재빨리 넣어주는데 이때 왼손을 타이밍에 맞추어 앞에 짚고 두 손을 지탱하면서 오른발과 왼발을 뒤로 보낸다. 오른손을 떼면서 초기자세로 돌아온다.

★ 토마스 연습 동작

1

준비자세

2

왼손을 축으로 다리를
공중에 띄운다.

3

오른손을 짚
으면서 왼쪽
으로 돌린다.

4

연 속
(돌아가는 상태)

5 연속으로 돌아본다.

9 ★ Let's Go~~♬♪♪
윈드밀(Wind Mill)

> ### 윈드밀 Point──
> 윈드밀은 처음에 돌 때 하체가 뜨지 않는데 이때는 스피드를 주고 다음으로 머리는 최대한 낮게 한다. 돌 때 몸을 우선적으로 틀고 다음으로 다리를 돌리는 것도 한 방법이다. 다리를 돌려주는 것인데 손의 사용에 따라 난이도가 다르다.

★ 손 모양에 따른 연습 동작 ①

두 손과 머리로 지탱해 준다.

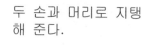

★ 손 모양에 따른 연습 동작 ②

★ 손 모양에 따른 연습 동작 ③

머리와 어깨로만 지탱해 준다.

머리에 힘을 더 주고 양팔을 벌린 채 지탱한다.
⇒이것을 충분히 연습하여 동작 중에 응용한다.

★ 윈드밀 응용 안무

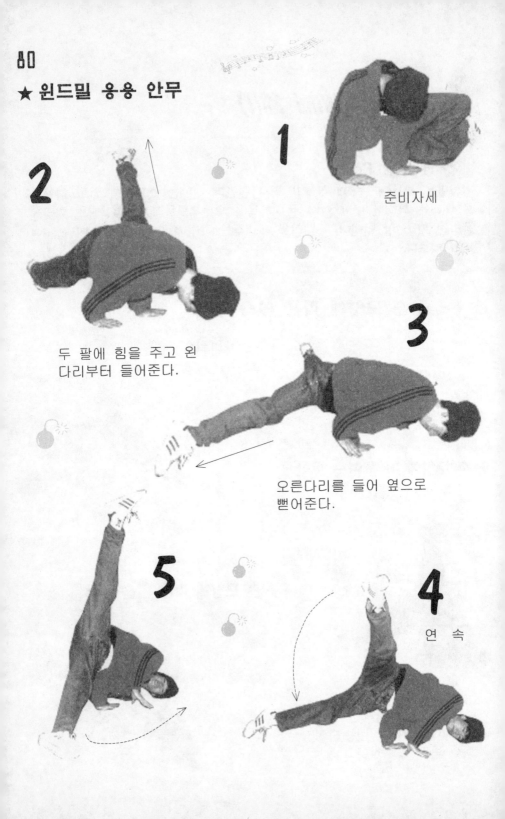

1
준비자세

2
두 팔에 힘을 주고 왼
다리부터 들어준다.

3
오른다리를 들어 옆으로
뻗어준다.

5

4
연 속

6 연 속

7 연 속 연 속

8 연 속

9 연 속

10 연 속

Let's Go~~♬♪♪

10 베이비 스와입스(Baby Swipes)

 베이비 스와입스 Point――

상체부터 돌려주고 하체를 돌려주는 것인데 상·하체가 분리되어 돌아가는 느낌이 든다. 베이비 스와입스는 타이밍이 약간이라도 틀리게 되면 돌 때 힘이 든다. 돌고 나서의 자세는 처음 자세와 똑같이 나와야 하는데 보통 다리모양이 이상하게 된 것은 바로 시선이 끝까지 가지 않아 하체도 제자리로 돌아오지 못한 것이다. 따라서 상체가 돌자마자 상체는 얼른 제자리로 가고 시선도 하늘을 보며 왼팔을 떼 주어야 한다.

★ 베이비 스와입스 연습 동작

1

준비자세

2

오른손을 바닥에 짚으면서
오른다리를 들어준다.

왼손을 오른손 옆에 짚
는 동시에 양 다리를
공중에 띄우면서 상체
를 완전히 돌려준다.

3

4

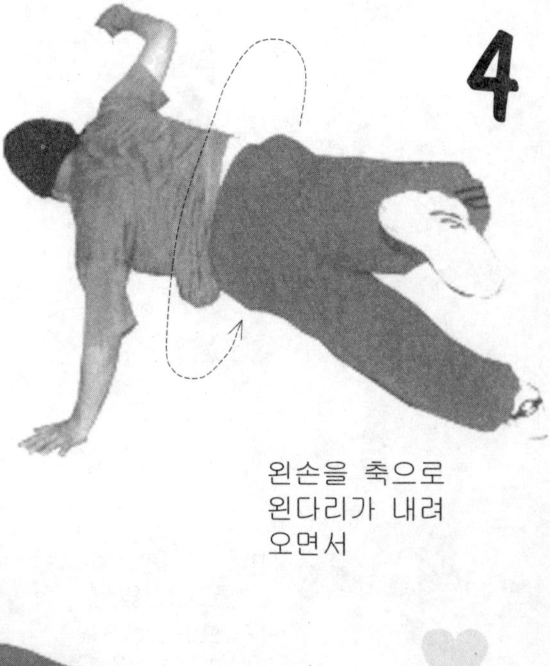

왼손을 축으로
왼다리가 내려
오면서

5

오른팔을 바닥에 짚
어주면서 상체를 오
른쪽으로 튼다.

11 Let's Go~~~♬♪♪
핸드 스핀(Hand Spin)

★ 핸드 스핀 연습 동작

1

오른다리를 왼다리
앞으로 내밀면서
양팔을 벌린다.

2

오른다리를 옆
으로 펴면서 왼
손을 휘둘러 올
린다.

3

반대로 왼발을
오른다리 앞으
로 뻗고 오른팔
을 휘둘러 앞으
로 가져온다.

4

살짝 뛰듯이 몸을 왼쪽 방향으로 트는
동시에 왼발을 옆으로 펴면서 양손을 가
슴 앞에 X자로 모았다가 펴고 오른다리
는 약간 구부린다.

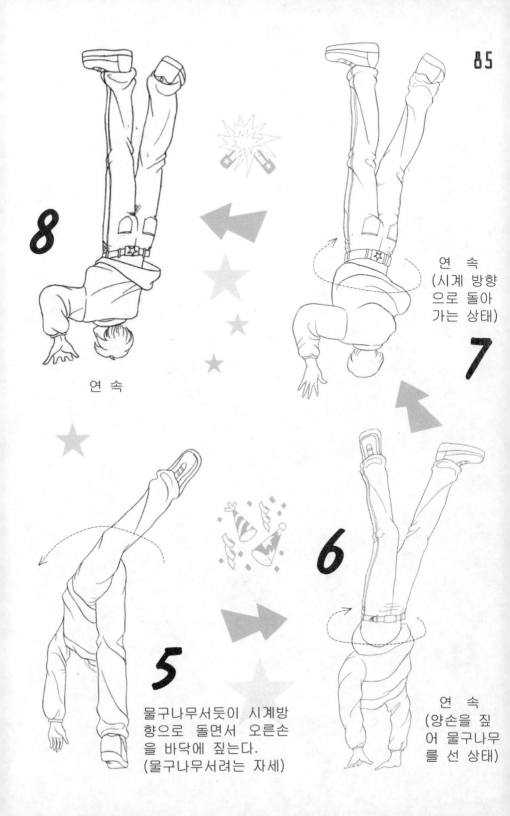

8

연 속

7

연 속
(시계 방향
으로 돌아
가는 상태)

5

물구나무서듯이 시계방
향으로 돌면서 오른손
을 바닥에 짚는다.
(물구나무서려는 자세)

6

연 속
(양손을 짚
어 물구나무
를 선 상태)

9

연 속

12

마무리 자세를 한다.

10

두 손으로
바닥을 짚
는다.

11

왼쪽으로 몸을 숙이고
오른다리를 내리면서 자
세를 바로 한다.

PART 2

LOCK DANCE
락 댄스

86

★1 *Let's Go~~♬♪♪* 락 댄스(Lock Dance)

★ 락 댄스 기본 팔 동작 ①

팔을 위로 돌려서 감아 올렸다가 내린다.
(올리고 내릴 때 각 2박자씩으로 호흡을 맞춰본다)

준비자세

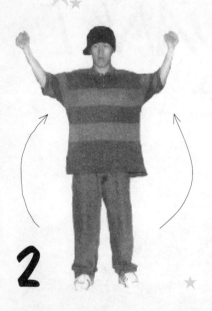

팔을 밖으로 휘두른 다음

팔을 가슴 앞으로 해서

4

아래로 내리는 동시에
위로 꼬아서 머리 뒤로
한 후

5

양팔을 밖으로
내리면서

6

가슴 앞으로 해서

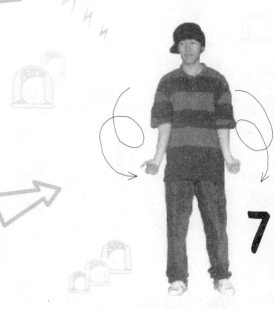

7

아래로 꼬아 내린다.

★ 락 댄스 기본 팔 동작 ②

1

기본동작

2

왼다리를 안쪽으로 들면서 오른팔을 재빨리 올렸다가 오른손을 왼쪽으로 내리찍는다.

3

4

왼다리를 내리는 동시에 옆으로 펴면서 몸을 오른쪽으로 기울인다. 이때 시선은 오른손을 따른다.

왼쪽으로 뛰면서 바로 서는 동시에 오른다리를 가볍게 들고 팔을 안으로 엉거주춤하게 구부린다.

5

재빨리 오른다리를
내리면서 팔을 밖
으로 한번 감아 올
리면서 머리 위로
한다.

6

팔을 감아 내리면서
왼손은 옆에 붙이고,
오른팔은 둥글리면서
옆으로 뻗는다(시선
은 손끝을 봄).

8

두 팔을 밖으로 한 번
둥글리면서 뒤에서 손
을 마주쳤다가 왼다리
를 드는 동시에

7

오른손을
안쪽으로
둥글려 내
리면서 왼
손을 반대
로 뻗는다.

9

왼다리를 가볍게 뛰어 앞으로 내밀면서 상체를 조금 숙인다. 이때 오른팔은 왼쪽으로 내리찍고 왼팔은 오른쪽으로 올린다.

10

팔을 안쪽으로 모으면서

12

9번과 같은 자세를 한 번 했다가 오른다리를 옆으로 펴면서 몸을 오른쪽으로 기울인다(측면에서 본 모습).

11

오른다리를 내리는 동시에 팔을 휘둘러 위로 올린다.

16

두 팔을 사선으로
펴면서 오른다리를
약간 구부린다.

15

93

왼다리를 차려 자세로
바로 놓으면서 몸도
정면으로 보는데 이때
왼팔은 가만있고 오른
팔은 한번 옆으로 휘
돌리면서 머리위로 가
져온다.

*Point ; 팔과 다리는
쫙 펴 준다.*

13

왼다리를 끌어
오고 왼팔은
옆에 내린다.

14

순간적으로 팔을 엇갈
리게 교차했다가 오른
팔은 뻗고 왼팔은 뒤로
빼면서 왼다리를 옆으
로 뻗으며 들어준다.

94

17

뛰어서 다리를
벌리면서 오른
손은 왼쪽으로
내리 찍는다.

18

몸을 바로 하면서
다리는 그대로 두
고 오른손만 그대
로 올린다.

19

왼다리를 들면서
두 팔을 엉거주춤
하게 옆으로 들고,
왼다리는 앞으로
찬다.

20

왼발을 놓
으면서 오
른발을 뒤
로 빼고 몸
을 약간 뒤
로 젖힌다.

21

오른발을 앞으로 하면서
팔은 재빨리 엇갈리게
하여 위로 올리는 동시
에 자세를 마무리한다.

★ 락 댄스 기본 다리 동작 ①

Point-발 동작을 굴곡 있게 하는 동시에
발을 바꾸는 동작에 유의한다.

1

준비자세

2

오른발로 가볍게
땅을 차면서

3

바닥에 힘있게
내딛는 동시에

4

왼다리를 오른쪽
방향으로 내딛으
면서

96

9

자세를 바로 한다.

8

옆으로 휘두르면서

7

오른다리를 재빨리
바닥에 내딛었다가

6

다시 왼다리를 바
닥에 내리면서 몸
의 방향이 왼쪽으
로 향한 듯 오른
다리를 차듯이 들
어준다.

5

재빨리 오른다리를
왼발 뒤에 놓는다.

★ 락 댄스 기본 다리 동작 ②

Point-다리 동작에서 발 바꾸기를 할 때 시계 추처럼 좌우로 흔들리듯 하는데 유의한다.

2

1

오른다리를 바닥에 '쿵'하고 놓으면서

상체를 약간 숙이는 동시에 오른다리는 바닥을 치면서 쫙 뻗어주고 왼팔은 앞으로 한다.

3

4

재빨리 왼다리를 내려주고 오른다리를 들어준다.

오른발을 옆으로 내딛는 동시에

6

5

오른다리를 내리면서

상체를 숙이면서 왼
다리를 오른쪽 방향
으로 내딛는다.

7

8

오른다리를 옆으로
둥글리면서

재빨리 왼다리로
발을 바꾸고

11

내리면서 양팔을
앞으로 하고 엉거
주춤한 자세(몸에
힘을 푸는 듯하게)
로 마무리한다.

10

가슴까지 확
당겼다가

9

오른다리를 내리는 동시에
왼다리를 옆으로 둥글려

★ 락 댄스 연습 동작 ①

1

준비자세

2

오른팔만 감아 올
렸다가(감아 올리
려는 자세)

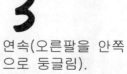

3

연속(오른팔을 안쪽
으로 둥글림).

연 속

오른팔을 옆으로 펴면서
위로 감아 올리는 자세.

4

감아 올린 자세.

5

연 속

오른팔을 감아 내리면서
옆구리에 붙이고 왼팔을
옆으로 쭉 뻗는 동시에
재빨리 다리를 양 옆으
로 확~ 벌려준다.

6

7

양팔을 가슴 앞에서 2번 교체시킨다(왼팔이 위에 온 상태-1번).

연 속

8

오른팔이 위에 온 상태-2번.

9

왼손을 굽힌 오른팔 위에 올린 채 몸을 오른쪽으로 기울인다.

10

왼쪽 방향으로 무릎을 굽히는 동시에 팔은 그 상태에서 둥글려서

연 속

11

오른쪽 무릎을 꿇으면
서 둥글린 오른손으로

12

연속(왼쪽 무릎을 쳐준다).

13

오른쪽 무릎을 옆으로 펴
면서 오른손으로 오른쪽
무릎을 쳐준다.

14

무릎을 약간 펴면서
상체를 바로 한다.

15

양다리를 모아주
면서 양팔을 위로
올렸다가

16

왼다리를 옆으로 뻗으
면서 양팔은 사선으로
쫙 펴준다(이때 시선은
오른손 끝을 봄).

17

왼다리를 오른쪽으로
당겨주고 양팔은 모아
준다.

18

왼다리를 내리는 동시에
자세를 바로 하면서 양
팔을 위로 굽힌다.

19

오른다리를 들면서
상체를 숙여준다.

20

오른다리를 내리면서
다시 양팔을 옆으로
굽혀서 내리는 동시에

21

팔은 휘돌려서 머리
뒤로 올렸다가

22

양팔을 펴면서 휘감아
내린다(감아 내리려는
자세).

23

연 속

24

몸과 다리를 엉거주춤하게
하면서 구부리는데 이때 팔
을 가슴 앞으로 한다.

25

오른다리를 옆으로
쭉 뻗으면서

26

오른팔을 왼쪽 대각선 아래
로 찔러주는 동시에 오른다
리를 무릎꿇는다.

27

고개를 오른쪽 방향
으로 돌리면서

28

오른팔을 바닥에 짚는
동시에 왼다리를 쫙
뻗는다.

29

엉덩이를 내려주는
동시에 몸을 왼쪽으
로 틀어 주었다가

30

고개를 오른쪽으로 돌리는 동
시에 오른팔을 사선으로 뻗으
면서 마무리 포즈를 취한다(시
선은 오른손 끝을 봄).

★ 락 댄스 연습 동작 ②

1

준비자세

2

왼다리를 오른쪽 방향으로 뻗는 동시에 오른팔은 휘둘려서 앞으로 펴주는데 이때 왼손은 오른손을 받쳐준다.

3

왼다리를 옆으로 둥글려 주면서 무릎을 약간 구부리는데 이때 오른팔을 오른다리 위에 놓는다.

7

오른다리를 왼다리
뒤로 빼면서

8

재빨리 오른팔만
안쪽으로 감아서
위로 펴준다(시
선은 오른손 끝
을 봄).

9

오른다리를 옆으로
쫙~ 뻗어주면서 오른
팔은 아래로, 왼팔은
위로 올려준다.

10

재빨리 오른다리를
뒤로 빼면서 오른
팔을 감아 올려준
다(감아 올리려는
자세).

11

연
    속

감아 올린 자세.

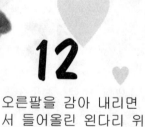

12

오른팔을 감아 내리면
서 들어올린 왼다리 위
에 놓는다.

13

재빨리 왼다리를 내리
면서 오른팔을 위로 뻗
어준다(시선은 오른손
끝을 봄).

14

오른다리를 약간 구부
리면서 반대로 왼팔을
위로 들어준다(시선은
왼손 끝을 봄).

15

자세를 바로 하면서 팔
을 감아 올린다(감아
올리려는 자세).

연 속

18

(하체를 내민 상체)

17

몸에 웨이브를 주면서
몸의 굴곡에 따라 팔을
내려준다(가슴을 내민
상태).

연 속

16

(감아 올린 자세)

114

19
굴곡을 따라 내려 온 팔과 다리를 동시에 양옆으로 확~ 벌려준다.

20
다리를 모으는 동시에 오른다리를 앞으로 차 면서 왼팔을 앞으로 뻗는다.

21
오른다리를 왼발 뒤에 놓으면서 팔은 가슴 앞에서 모은다.

22

양다리를 엉거
주춤하게 하면
서 양팔을 위로
편다.

23

들어올린 왼다리
위에 양팔을 놓
는다.

24

왼다리를 바닥에 내리
는 동시에 양옆의 사람
이 가운데 사람을 중심
으로 몸을 합친다(합치
려는 자세).

25

합친 상태에서 각자의 포즈
를 취해준다(포즈①).

26

연

속

(포즈 ②)

27

프리즈로 마무리한다.

★ 락 댄스 응용 안무 ①

차려 자세에서 오른다리를
비스듬하게 앞으로 내밀면
서 양팔을 사선으로 벌린다.

1

2

팔을 휘감아서
들어올린 오른
다리 옆에 붙
인다.

3

몸을 정면으로 하면서
오른다리를 뒤로 빼고
오른팔을 상하로 엇갈
리게 한다.

4

상체는 옆으로 해서 뒤로 젖히는데 이때 왼팔은 사선 아래로 뻗어준다.

5

왼팔을 올렸다가

6

상체를 바로 하면서 왼팔은 옆구리로 가져가고, 오른팔은 앞으로 반원을 그리듯 하여 옆으로 뻗는다.

7

양손을 머리 위로 하고 제자리에서 '쿵쿵'하고 두 번을 뛴다.

11

시계 반대 방향으로 돈다
(돌아가려는 자세).

10

오른다리를 앞으로
내리면서

9

다리를 모으는 동시에
오른다리를 들면서 왼손
으로 오른다리를 친다.

8

뛰고 난 후 바로 양손을
무릎 위에 놓으면서 다리
를 옆으로 벌린다.

연 속

12

(돌아가는 자세)

13

연 속
(돌아온 자세)

14

돌아서자마자 양다리
를 옆으로 펴고 두
손을 양 무릎 위에
놓는다.

15

상체를 왼쪽으로 하는
동시에 오른손을 왼쪽
무릎에 놓으면서

16

왼손을 옆으로 쭉
뻗는다(시선은 왼손
끝을 봄).

17

다리를 모으면서 왼손은 재빨
리 옆구리로 가져가고, 오른팔
만 감아 올린다(오른손을 감아
올리려는 자세).

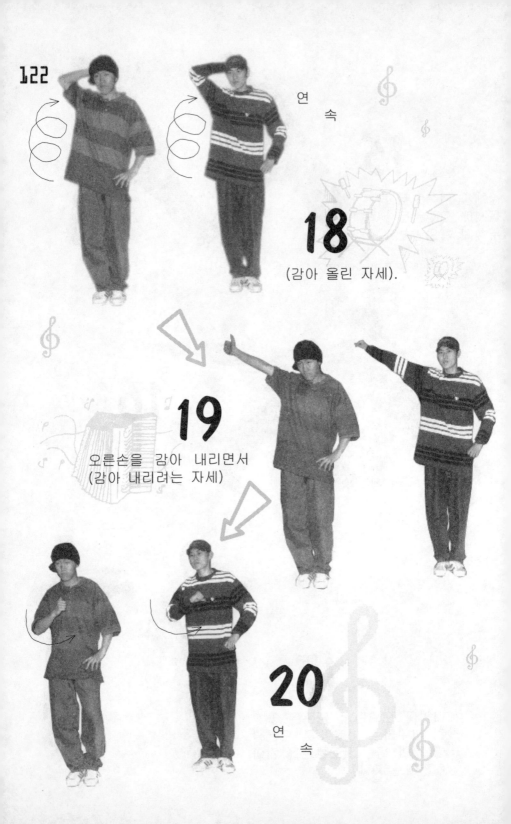

122

연   속

18

(감아 올린 자세).

19

오른손을 감아 내리면서
(감아 내리려는 자세)

20

연   속

21

오른팔을 휘감아 내리면서 옆구리에 대고 양다리를 약간 구부린 상태에서 왼팔은 앞으로 뻗는다.

22

상체를 숙이면서 양손은 들어올린 오른다리 위에 놓는다.

23

오른다리를 내리면서 양팔을 위로 뻗는다.

24

약간의 저자세로 양다리를
벌리면서 오른팔을 이마까
지 올린 채 왼쪽 방향으로
상체를 튼다.

25

팔은 그대로 하고, 왼
다리를 쫙 펴면서 상
체를 오른쪽 방향으
로 틀어준다.

26

다시 상체를 왼쪽으로
돌리면서 오른팔은 펌프
질하듯이 한 번 찔러준
다(찔렀다가).

27

연 속(올리고)

31

오른다리를 안쪽
으로 둥글려

30

오른다리를 옆으로
뻗고, 양팔은 오른
쪽으로 뻗으면서

29

다리를 모으면서 상체를 바
로 하는 동시에 오른팔만
어깨까지 감아 올린다.

연
속

28

(다시 찔러준다).

頁番号126

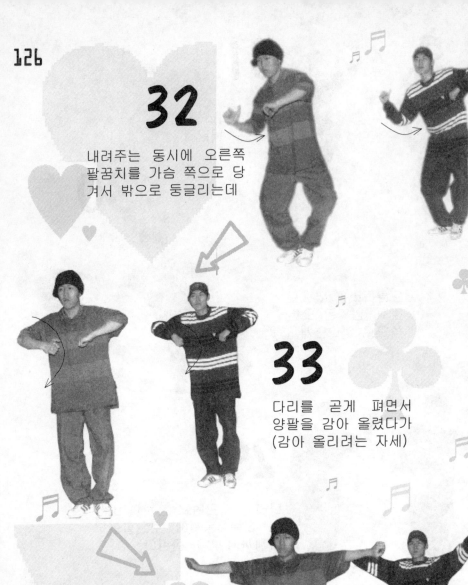

32

내려주는 동시에 오른쪽 팔꿈치를 가슴 쪽으로 당겨서 밖으로 둥글리는데

33

다리를 곧게 펴면서 양팔을 감아 올렸다가 (감아 올리려는 자세)

34

(감아 올리는 상태).

37

연
속

(감아 내린 상태).

36

양팔을 다시 휘감아서
내려준다(감아 내리려는
상태).

연
속

35

(감아 올린 상태).

38

오른다리와 오른손을 올려

39

재빨리 양 다리를
옆으로 벌리면서
오른팔은 왼쪽 아
래로 뻗는다.

40

왼다리를 쭉 펴면서 오른
팔을 당겨 상체를 오른쪽
으로 기울였다가

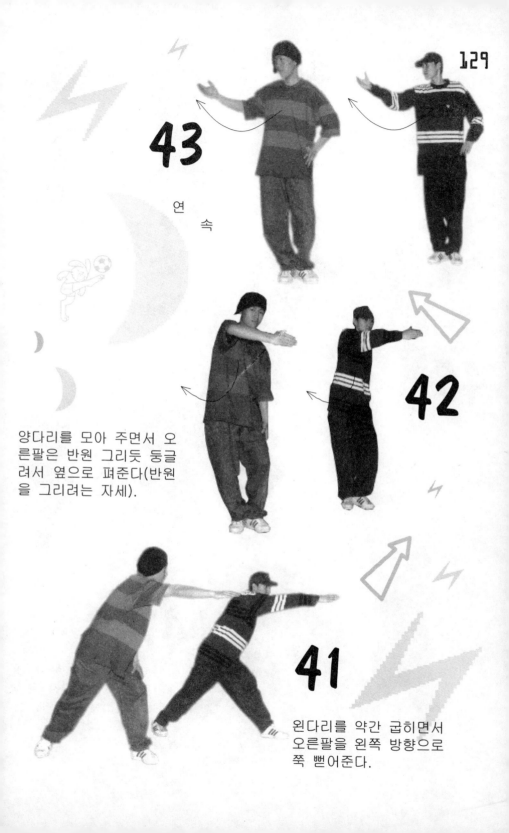

43

연   속

42

양다리를 모아 주면서 오른팔은 반원 그리듯 둥글려서 옆으로 펴준다(반원을 그리려는 자세).

41

왼다리를 약간 굽히면서 오른팔을 왼쪽 방향으로 쭉 뻗어준다.

44

반원을 그려서 옆으
로 편 자세.

연   속

오른팔을 휘감아 내리면서
왼발을 쳐준다(오른팔을 휘
감아 왼발을 치려는 자세).

45

46

왼발을 친 자세.

연   속

47

왼다리를 옆으로 쭉 뻗어
내려놓으면서 고개를 오른
쪽으로 돌리는 동시에 오
른팔을 뻗는다(시선은 손
끝을 봄).

48

재빨리 반대로 고개를 왼쪽으로 돌리면서 왼 팔을 뻗는다.

49

양다리를 모으면서 오른 팔만 감아 올린다.

50

오른손을 감아 내리면서 오른다리를 든다.

51

오른손을 옆으로 뻗어 주는 동시에 왼손으로 오른발을 쳐준다.

52

오른다리를 내리면서
왼다리를 들어

53

오른손으로 들어올린
왼쪽 무릎을 쳐준다.

54

왼다리를 내리면서
오른손은 이마까지
올렸다가

55

오른손으로 들어올린
오른다리를 쳐준다.

56

오른발을 내리면서 오른
손만 반 바퀴 감는다(반
바퀴 감으려는 자세).

57

연 속

(반 바퀴 감은 자세)

58

오른팔을 반 바퀴 감아 올리
는 동시에 고개를 오른쪽으로
돌려 마무리 포즈를 취한다.

★ 락 댄스 응용 안무 ②

1 차려 자세에서 양팔과 양다리를 옆으로 쫙 편다.

2 오른손을 왼팔에 놓은 채 왼팔을 오른쪽 대각선 아래로 찌르는데 이때 오른다리를 왼발의 앞으로 한다.

3 왼다리를 약간 구부린 채 왼쪽 방향 앞으로 내딛는데, 이때 왼팔은 반쯤 굽혀서 옆으로 한다.

4

상체를 오른쪽으로 향하게 하면서 반대로 오른팔을 굽혀서 옆으로 한다.

5

재빨리 1번과 같이 양 팔과 양 다리를 벌렸다가

6

왼손을 오른팔에 얹은 채 오른팔을 왼쪽 대각선 아래로 찌르는데, 이때 왼다리를 오른다리의 앞으로 한다(2번과 반대 방향).

7

오른다리를 약간 구
부린 채 오른쪽 방
향 앞으로 내딛는데,
오른팔은 반쯤 굽혀
서 옆으로 한다(3번
과 반대 방향).

8

상체를 왼쪽으로 향하게
하면서 반대로 왼팔을
굽혀서 옆으로 한다(4번
과 반대 방향).

9

상체를 바로 하면서

10

왼팔은 올리고 오른
다리는 뒤에서 앞으
로 차준다.

11

차준 오른다리를
왼다리 무릎까지
올렸다가

12

재빨리 앞으로 '쿵'하고
내딛으면서 굽힌 오른
팔을 내민다.

13

빠른 동작으로
차려 자세에서

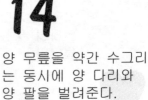

14

양 무릎을 약간 수그리
는 동시에 양 다리와
양 팔을 벌려준다.

15

팔을 둥글려서 내리는
동시에 다시 몸을 차려
자세로 했다가

16

오른손으로 오른발의
뒤를 쳐주고

17

다시 오른발의 안쪽을
한 번 쳐주면서

18

오른다리를 오른쪽
대각선 앞으로 내딛
는 동시에 오른팔을
뻗어준다.

19

상체를 왼쪽 방향으로
향하게 하면서 왼팔을
위로 뻗어준다.

20

오른다리를 왼발
옆에 놓으면서 오
른팔을 휘둘려

21

가슴 앞으로 가져오는데,
이때 왼손도 같이 가져오
면서 엉거주춤한 자세를
취한다.

22

몸을 굽힌 저자세에서
오른다리를 올려 가슴
으로 당겼다가

23

둥글리듯 옆으로 펴면서

24

오른다리를 바닥에
내려놓는 동시에

142

25

왼다리는 옆으로 쭉 뻗어
주고, 왼손은 아래로, 오른
손은 위로(시선은 오른손
끝은 봄) 쫙 펴준다.

26

상체를 바로 하면서
왼다리를 들었다가

27

왼다리를 내려 놓으
면서 재빨리 오른팔
을 올린다.

30

오른다리를 모으면서 양 팔도 가슴 앞에서 모아주 는데 이때, 다리에는 약 간 힘을 빼고 상체를 뒤 로 젖힌다.

29

들어올린 오른팔 을 왼쪽 사선방향 으로 찌른다.

28

오른다리를 옆으로 펴면서

31

몸을 젖힌 상태에서
왼다리를 앞으로 펴
주면서 양팔을 선으
로 쫙 편다.

32

상체를 바로 해서 왼다리를
들어주는데, 이때 팔은 감
아 올렸다가(팔을 감아 올
리려는 자세).

33

왼다리를 내리면서(팔을
감아 올린 자세).

34

팔을 감아 내리면서
왼다리를 들어준다(감
아 내리려는 자세).

연 속 **35**

감아 내리면서 왼다리를
들어준 상태.

36

팔을 감아 내리는 동시에 들어준
왼다리 옆에 바짝 붙인다.

37

왼다리를 뒤로 쭉 빼
면서 몸을 젖혀 양팔
을 위로 벌려준다.

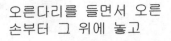

38

오른다리를 들면서 오른
손부터 그 위에 놓고

39

왼손을 오른손 위에
놓는다.

40

양손을 오른쪽으로
올리면서

41

오른다리를 뒤로 빼는
동시에 양팔은 왼쪽 방
향 뒤로 뻗는다.

42

오른다리를 앞으로 당기고,
양팔은 가슴에서 한 번 교
차시킨 후

43

오른다리를 다시
앞으로 내딛으면
서, 팔은 양옆 아
래로 뻗어준다.

44

왼다리를 오른발 옆에
놓으면서 양팔을 위로
벌렸다가

45

오른다리를 옆으로
펴주면서 오른팔을
위로 든다.

46

들었던 오른팔을 왼쪽
사선 아래로 찔러준다.

47

오른다리를 왼발 뒤로
가져가면서 양팔을 가슴
앞에서 모았다가

48

양 무릎을 벌리면서
양팔을 교차시켜 양
무릎 위에 놓는다.

49

팔을 휘돌려 위로
올리면서 마무리
포즈를 취한다.

잠깐! 힙합 쉼터

◆ 브레이킹(Breakin)의 Point

브레이킹을 하는 순서는 일반적으로 업락-풋워크-브레이킹-테크닉-프리즈 규칙을 따르고 있다. 브레이킹을 함에 있어서는 보여지는 자세도 중요하지만 무엇보다 시선에 신경을 쓴다. 처음 시작할 때는 어떤 방향으로 돌아야 자신에게 편한지를 먼저 생각해 두고, 가능한 한 모든 브레이킹을 한쪽 방향으로 하는 습관을 들인다. 예를 들어 윈드밀을 하기에는 오른쪽이 편한데 베이비 스와입스는 왼쪽이 편하다고 해서 서로 다른 형태로 해서는 안 된다는 것이다.

◆ 프리즈(Freeze)의 Point

마무리를 할 때 자신이 하고 싶은 동작을 취하는 것이므로 자신감 있게 해야 한다. 프리즈의 동작에서는 타이밍과 시선이 강조된다. 즉, 몸이 가려는 것과 밀어주는 알맞은 시기를 타이밍이라 하고, 밀어주는 동시에 가려는 쪽의 방향을 보는 것을 시선이라 한다.

가령, 다리를 조금 벌리고 상체를 숙이는 동시에 오른손을 바닥에 짚으면서 왼다리가 공중으로 어느 정도 띄워졌을 때는 오른다리도 따라가야 된다. 이때 중심이 오른손에 쏠리지 않도록 하고 바닥에 살짝 닿게만 한다. 그리고 양 다리가 모두 공중에 띄워졌을 때는 재빨리 왼손으로 바닥을 짚으면서 중심이 왼쪽에 가도록 해야 한다.

옆사망(Side Freeze)의 경우에 있어서 중심은 대부분 배꼽 옆이다. 예를 들어 오른손으로 받치는 사람은 팔꿈치를 배꼽 옆에 댄다. 이러한 모습을 위에서 보면 똑바로 몸을 쫙 뻗고 다리를 벌린 것이 마치 사람 인(人)자의 형상과 같다.

PART 3

HIPHOP & HOUSE
힙합 & 하우스

1 Let's Go~~~♬♪♪
하우스(House)

★ 하우스 연습 동작

1

기본자세

2

오른다리를 밖으로 휘듯
이 옆으로 하면서 다리를
약간 벌린다.

3

가볍게 뛰어 오른다
리를 밖으로 휘면서
왼다리 뒤로 뺀다.

4

연 속
(뒤로 빼는 자세)

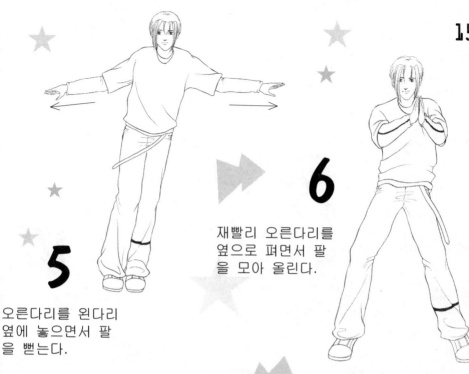

6

재빨리 오른다리를
옆으로 펴면서 팔
을 모아 올린다.

5

오른다리를 왼다리
옆에 놓으면서 팔
을 뻗는다.

8

7

등뒤에서 두
손을 마주치
고 손을 다시
올린다.

손을 내리면서 가
볍게 내려앉는다.

9

오른다리를 들면서
오른손으로 발끝을
치고 시계 반대 방향
으로 돌아서 왼발을
왼손으로 친다.

10

연 속
(돌아온 자세)

11

다리를 모았다가 오른
다리를 오른쪽 옆으로
내밀면서 상체도 같은
방향으로 한다.

몸을 왼쪽으
로 틀면서
손을 올린다.

12

13

양손을 오른쪽 바닥에 짚
는 동시에 앉으면서 시계
반대 방향으로 돈다.

연 속
(돌아가는 상태)

14

15

돌아 앉으면서 왼다리를
오른다리 앞으로 꼰다.

16

일어서면서 마무리
자세를 취한다.

Let's Go~~♬♪♪
힙합(Hiphop)

★ 힙합 연습동작

1

준비자세

2

오른발을 내딛으
면서 왼다리를
굽힌다.

3

상체를 오른쪽으로 기울
이면서 오른손은 가슴 쪽
으로 굽혀주고, 왼다리는
옆으로 편다.

4

오른팔을 폈다가

5

머리 뒤로 가져오면서

6

오른다리를 안쪽으로
휘돌리듯 하여

7

올리면서

8

오른다리를 왼쪽으로 뻗
는 동시에 왼팔도 옆으로
뻗어준다.

9

왼손은 내리고 오
른손은 앞으로 하
면서 오른다리를
굽혔다가

10

오른다리를 옆으로 뻗어
주는 동시에 오른팔도
함께 옆으로 편다.

11

오른다리를 굽히면서 오
른손을 머리 뒤로 한다.

12

왼발을 돌려 상체를
왼쪽으로 틀면서

13
왼다리를 뻗어
앉는다.

14
다시 상체를 정면으로
틀면서 오른팔을 위로
뻗어주고

15
반대로 왼팔을
뻗어준 다음,

16
다시 오른팔을
뻗어주면서

17

오른손을 머리 뒤에 대고

18

상체를 앞으로 수그린다.

19

상체를 왼쪽으로 틀어 오
른손을 바닥에 짚으면서
왼다리를 오른다리 아래
로 둥글렸다가

20

다시 펴준다.

21

또다시 왼다리를
둥글려 주고

22

왼다리를 펴주면서 엉덩
이를 바닥에 놓는다.

23

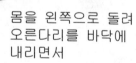

몸을 왼쪽으로 돌려
오른다리를 바닥에
내리면서

24

재빨리 몸을 오른쪽으
로 돌리면서 오른손을
바닥에 짚어

25

몸을 일으켜 세운다.

26

오른발을 왼발 옆에
붙이면서 왼팔을 옆
으로 뻗어준다.

27

재빨리 상체를 뒤로
젖혀 오른손을 바닥
에 짚었다가

28

왼손도 바닥에
짚어준 뒤,

29

상체를 일으키면서
(일으키는 자세)

30

연 속
(일으킨 자세)

31

다리를 모아주는 동시에 오른
팔을 옆으로 뻗어 마무리한다
(시선은 오른손 끝을 봄).

★ 힙합 응용 안무

2

왼다리를 오른쪽으로
뻗으면서 양팔도 같이
뻗어준다.

1

준비자세

3

왼다리를 제자리로
가져오면서

4

왼팔로 오른팔을 쓸어 내
리면서 왼다리를 옆으로
내린다.

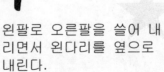

5

왼다리를 구부리면
서 오른다리와 오른
팔을 쫙 펴준다.

6

왼팔을 내려주면서
왼다리도 펴준다.

7

오른다리를 구부리
는 동시에 왼손을
오른팔 위로 쓸어
올리면서

오른팔을 구부려주
고 왼팔은 옆으로
쫙~ 뻗어준다

8

오른다리를 무릎을
꿇으면서 오른팔을
왼쪽 아래로 찔러
준다.

9

10

왼다리를 오른다리 옆으
로 붙여서 무릎을 꿇으
면서 왼팔을 올려준다.

11

오른다리를 왼쪽
으로 내딛으면서

12

몸을 일으키는 동시에
왼쪽으로 돌면서

13

오른다리는 무릎을 꿇고,
오른손은 바닥에 짚는다.

14

왼다리를 펴면서

양손을 바닥에 짚는 동시에
양다리를 펴고 몸을 바닥에
붙인다(양손을 바닥에 짚으
려는 자세).

15

16

연 속
(양다리를 편 자세)

17

몸을 바닥에 눕힌 자세.

18

재빨리 오른다리를 들어

19

왼팔에 힘을 주는
동시에 몸을 왼쪽으
로 돌려 앉으면서
오른다리를 굽힌다.

20

왼팔에 힘을 주어 일어서면서

21

상체를 오른쪽으로
돌리면서

22

오팔을 바닥에 짚는
동시에 오른다리를
들어준다.

23

오른다리를 앞으로
내딛어 일어서면서

24

상체를 왼쪽 방향 뒤로 젖히는
동시에 왼다리는 굽히고 오른
손은 아래로 뻗는다.

25

26

다리를 모으면서
양손을 들어준다.

양팔을 오른쪽으로
하면서 오른다리를
들었다가

오른팔을 아래로 펴는
동시에 오른다리를 오
른쪽 옆으로 내딛는다.

27

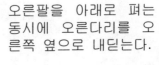

상체를 숙이면서
오른다리를 구부
려 앞으로 내딛어
주고, 오른손은 앞
으로 올려준다.

28

32

연 속
(휘돌리고 있는 자세)

31

오른팔에 굴곡을 주면서 오른다리
의 무릎을 밖으로 휘돌린다. 이때
팔의 동작도 잘 본다 (다리를 휘
돌리려는 자세).

30

29

오른다리를 펴면서
오른팔도 펴준다.

재빨리 오른다리를
안쪽으로 굽히면서
오른팔도 굽혀주고

33

휘돌린 오른다리와
오른팔을 쫙 펴는
동시에

34

양다리를 모으면서 팔
(왼팔을 오른팔 위로)
을 교차시켜 앞으로
뻗어준다.

35

양 팔꿈치를 모았다가

36

팔을 양 옆의 아래로 굽혀
벌리면서 다리와 상체의
힘을 약간 풀어준다.

37

왼다리를 앞으로
내딛었다가

38

팔을 바꾸면서 오른
다리를 들어

39

옆으로 뻗는 동시에
팔도 다시 바꾸어
준다.

40

다리를 모아주면서 양팔로
가슴으로 당겨준다.

41

왼다리를 굽히는 동시에
양팔을 아래로 했다가

42

반대로 오른다리를
굽히면서 양팔을 오
른쪽으로 한다.

43

다시 왼다리를 굽히
면서 오른팔을 옆으
로 뻗는다(시선은 오
른손 끝을 봄).

44

오른팔을 앞으로
가져오면서 왼다
리를 앞으로 내딛
는다.

45

재빨리 왼다리를
굽히면서

46

몸을 시계 방향
으로 돌면서

47

앉는다.

48

양팔을 바닥에 짚는
동시에 오른다리를
밖으로 풀면서

49

양다리를 쫙 펴준다.

50

왼다리를 세워 몸을
일으키면서

51

왼다리를 오른쪽으로
무릎꿇었다가

52

왼손을 왼다리의 무릎 위
에 짚으면서 왼다리를 옆
으로 돌려 세운다.

53

상체를 앞으로 당겨
왼다리에 힘을 주어

54

일어서면서 오른다리를
들어준다.

55

오른다리를 내리면서
마무리 자세를 취한다.

★ 힙합 댄스

1

차려 자세에서 오른다리를 들었다가

2

오른손을 오른 쪽무릎에 댄 채 안쪽으로 돌려 주면서

3

몸을 오른쪽으로 틀어 왼발 뒤꿈치를 들어 준다.

4

왼발을 옆으로 놓으면서 자세를 바로 한다.

무릎을 약간 굽힌 채 두 발을 안쪽으로 한다.

5

6

굽힌 왼다리를 오른다리 옆에 붙였다가

7

다시 왼발을 옆으로 내려 놓으면서(두 발은 4번과 같은 자세)

8

반대로 굽힌 오른다리를 왼다리 옆에 붙인다.

9

오른다리를 옆으로 펴면서

10

재빨리 왼다리를 오른 다리 뒤로 한다.

11

상체를 왼쪽으로 틀면서

12

시계 반대 방향으로 몸을 반 바퀴 돌린다.

180

14

13

연 속

15

왼다리를 들어

반 바퀴 돈 자세.

왼다리를 오른쪽
으로 뻗는다.

16

오른다리를 들면서

17

18

상체를 왼
쪽으로 틀
면서 왼손
을 내린다.

시계방향으로
몸을 돌린다.

24

23

몸을 일으킨다(일으
키려는 자세).

연 속

22

일으킨 자세.

오른손에 힘을 주면서

21

몸을 돌리면서 오른
다리는 왼다리 옆에
놓는다.

19

오른손을 바닥에
지탱하면서

20

오른 다리를
들어주었다가

25

왼다리를 앞으로 가져오면서 양다리를 오므렸다가

26

옆으로 벌린다.

27

발 뒤꿈치만 들었다가

28

앞으로 무릎을 꿇어 앉으면서

29

왼다리를 옆으로 세워주면서 상체를 왼쪽으로 튼다.

오른손을 바닥에 짚으
면서 오른다리를 왼쪽
으로 뻗어준다.

연 속

오른다리를 왼쪽으로 감는
동시에 시계 반대 방향으
로 몸을 돌리면서

돌고 있는 상태.

무릎에 힘을 주어

몸을 일으킨다.

연 속

35

36

일어서면서 다리를
나란히 한다.

일어선 상태.

37

재빨리 오른다리를
밖으로 휘두르면서

38

몸을 바로 하고 반대
로 왼다리를 옆으로
휘두르면서

39

자세를 바로
한다.

44

또다시 오른다리
를 밖으로 둥글
리면서 오른쪽
어깨는 아래로
내려주는 동시에

43

오른손을 오른다리
에 댄 채 안쪽으로
굽히면서

다시 오른쪽 어깨를 왼쪽
위로 올려주면서 오른다리
도 안쪽으로 구부려 준다.

42

40

오른쪽 어깨를
왼쪽으로 올리
면서 몸을 트
는 동시에

41

오른발을 밖으
로 휘둘려 놓
으면서 오른쪽
어깨를 아래로
내린다.

45

재빨리 오른다리를 펴고
왼다리는 뒤꿈치를 들면
서 굽혀준다.

46

왼손을 왼다리에
댄 채 안쪽으로 굽
혀주면서

47

왼다리를 오른다리
앞으로 하는 동시
에 상체는 왼쪽으
로 틀어준다.

48

오른다리를 옆
으로 놓으면서
상체를 오른쪽
으로 틀어준다.

49

왼팔을 옆으로
뻗어준다.

50

상체를 왼쪽
으로 틀어 오
른팔과 왼팔
을 구리 감듯
이 감으면서

52

다리를 모으면서 양
손을 위로 든다.

51

오른다리를   굽히는
동시에 왼손은 옆으
로 펴고 오른손은 머
리에 가져온다.

54

53

왼다리를   펴면
서 양팔은 위에
서 아래로 상체
의 굴곡과 함께
따라 내려온다.

왼다리를 오른다리
뒤로 구부렸다가

55

56

연   속

오른다리를   내리면서
몸을 바로 한다.

188

58

57

오른쪽 어깨를
내리면서 왼쪽
어깨를 올리는
동시에 왼다리
를 오른쪽으로
뻗는다.

재빨리 오른쪽
어깨를 올렸다가

59

왼쪽 어깨를
내리면서 반
대로 오른다
리를 왼쪽으
로 뻗는다.

62

60

오른다리를
옆으로 가져
오면서

61

오른다리를 앞으로
내딛으면서 몸을 왼
쪽으로 틀었다가

오른쪽 어깨를 다시
위로 올려주면서

오른다리를 옆
으로 펴면서

64

65

66

왼손은 이마에
대고 왼다리를
굽힌다.

63

오른다리를 왼다리
뒤로 하면서 자세를
정면으로 한다.

다리를 모았다가

67

68

다리를 안쪽
으로 오므리
면서 양팔은
아래로 향하
게 한다.

반대로 오른손을 이마에
대고 오른다리를 굽힌다.

69

다리를 밖으로 벌
리면서 양팔을 올
려준다.

70

상체를 오른쪽으로 틀
면서 양팔을 오른쪽으
로 쭉 뻗어준다.

71

오른다리를 왼다리
옆에 놓으면서 양
손을 교체하여 어
깨 위에 올린다.

왼다리를 올렸다가

72

73

왼쪽으로 내딛으
면서(몸은 정면을
보게 됨) 양손은
각각의 양 어깨
위에 놓는다. 시계
반대 방향으로 돌
아준다.

78

오른손을 오른
쪽 뺨에 대고

77

오른쪽 어깨를
올리는 동시에

76

74

75

연
속

연
속

오른다리를 내리
면서

돌아가는 상태.

돌아온 상태.

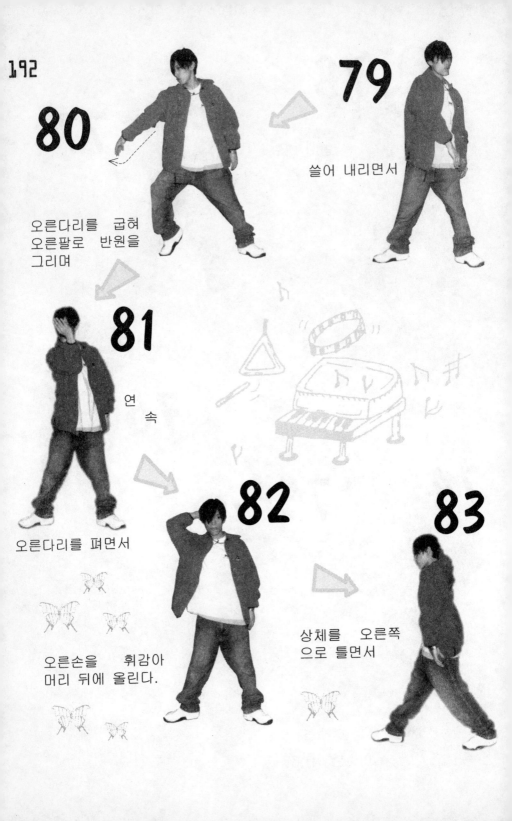

80

79

쓸어 내리면서

오른다리를 굽혀
오른팔로 반원을
그리며

81

연 속

82

83

오른다리를 펴면서

오른손을 휘감아
머리 뒤에 올린다.

상체를 오른쪽
으로 틀면서

88

내려놓으면서

87

다시 왼다리를
들었다가

86

앞으로 내딛는다.

84

왼다리를 들어 오른
손을 왼쪽 무릎 위에
얹는다.

85

왼다리를 휘돌려서

89

오른다리를 들었다가

90

내려준다.

91

재빨리 다리를 벌리면서 상체를 왼쪽으로 한 번 틀어주고,

92

오른쪽으로 한 번 틀어준다.

93

양다리를 구부리면서 재
빨리 왼다리를 오른다리
의 무릎 옆에 댄다.

94

몸을 왼쪽으로 틀면서
왼다리를 차서 옆으로
올렸다가

95

다시 구부려서

96

왼다리를 오른다리
뒤로 빼준다.

98

97

왼다리를 옆으로
내딛으면서

왼다리를 들었다가

99

내리면서 반대로 오
른다리를 올려준다.

100

101

오른발을 앞으로 내딛
으면서 모은 손을 오
른쪽으로 뺀다.

오른다리를 뒤로 빼면서
양손을 앞에서 모은다.

102

왼다리를 올렸다가

103

오른쪽으로 뻗어준다.

104

오른다리를 들면서
왼쪽 어깨를 올린다.

105

오른다리를 내리면
서 팔은 굴곡 있게
내려준다.

106

오른팔을 옆으로 펴
는 동시에 왼다리를
오른다리 뒤로 빼면
서 시계 반대 방향으
로 돈다.

107

108

연 속

돌아가는 상태.

109

돌아서면서 무릎
을 꿇는 동시에

110

양손을 왼쪽 바닥
에 짚으면서 몸을
돌려준다.

오른다리를 왼다
리 무릎 위에 놓
으면서 마무리 자
세를 취한다.

연 속

111

돌아가는 상태

112

PART 4

TECHNIC
테크닉

Let's Go~~~♬♪♪
스핑크스(Sphinx)

>
> ## 스핑크스 Point——
> 여러 명이 줄지어 두 다리를 벌리고 두 손은 옆으로 세우는 동작으로 딱딱 끊어지는 느낌으로 한다.

★ 스핑크스 안무

1

준비자세

2

두 손바닥을 상하로
세운다.

3

손을 합장하여
올린다(올리는
손 동작은 임의
대로 해도 무방
하다).

4

팔꿈치를 모으면
서 어깨로 가져
온다.

5

팔을 옆으로 벌리면서
다리도 같이 벌린다.

팔을 합장해서 아래로
내린다.

6

7

굽힌 다리를 펴면서
손도 올린다.

8

손목만 오른쪽, 왼
쪽으로 한 번씩 꺾
어준다(왼쪽으로
꺾는 자세).

9

양쪽으로 손목을
꺾는다.

10

무릎을 약간 굽히면서
양손을 그 위에 얹는다.

11

오른다리를 옆으로 펴면서
오른팔을 왼쪽 어깨 위로
올렸다가

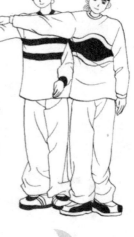

12

몸을 모으면서
동시에 팔을 오
른쪽으로 편다.

13

왼쪽 사람은 오른팔
을, 오른쪽 사람은 왼
팔을 옆으로 편다.

14

서로 팔짱을 낀다.

15

손을 뒤로 해서 오른손은
오른손끼리 왼손은 왼손끼
리 잡는다.

17

손을 둘 다
마주 한다.

18

왼쪽 사람이 오른쪽
사람의 뒤로 가면서
서로의 손을 엇갈리
게 마주한다.

16

왼쪽 사람은 왼손을 내리고,
오른쪽 사람은 오른손을 내린다.

19

앞사람의 손이 X자가
되면서 뒷사람과 반
대로 손이 겹친다.

20

손을 풀면서 뒷사
람이 몸을 뺀다
(빼려는 상태).

22

뒷사람이 옆으로 나오면서
팔은 가슴 앞에서 겹치고
다리는 약간 벌린다.

21

연 속
(뺀 상태)

서로 반대로
몸을 튼다.

23

24

다시 몸을 서로 안쪽으로 튼다.

25

둘 다 왼쪽으로 왼팔을
뻗으면서 오른다리를 무
릎을 굽혀 몸을 돌린다.

26

발을 재빨리 바꾸
면서 팔을 모아
내린다.

27

방향을 반대로 틀면서 손을 올린다.

28

시계 반대 방
향으로 도는데
앞사람이 뒷사
람 뒤로 간다.

29

연 속
(뒤로 간 상태)

31

30

뒷사람이 앞사람의
손을 반대로 잡는다.

뒷사람이 옆으로 나오면서
앞으로 온다.

208

32

연 속
(뒷사람이 앞으로온 상태)

33

앞사람이 몸을 좀 굽히고
뒷사람은 선 상태에서 팔
을 합장하여 올린다.

34

뒷사람이 앞사람의 다리
사이로 빠져 나온다.

35

손을 맞잡으면서 마무리
포즈를 취한다.

부 록

Let's Go~~♬♪♪
힙합 도우미

① 킥(Kick) 동작을 위한 상세 가이드

준비운동

① 앉은 자세에서 양 손은 뒤로 뻗어주고, 허리는 들어준다.

② 오른 다리를 굽히지 않고 앞으로 쭉 뻗어서 상체 쪽으로 최대한 가깝게 당겨주었다가 다시 펴준다.

여기서 허리는 자연스럽게 굽어지게 되는데 이 연습을 되풀이해서 다리를 당겨주고, 다시 펴고 하는 일이 익숙해질 때까지 한다.

원킥은 오른다리는 무릎을 꿇고 왼다리는 앞으로 뻗은 상태로 앉았다가 양 손을 뒤로 짚으면서 (손끝이 바깥쪽을 향하도록) 오른 다리를 최대한 가슴으로 당겨준다. 재빨리 허리힘을 이용해서 다시 처음 자세로 되돌아간다.

투킥은 앉은 상태에서 양 손을 뒤로 쭉 뻗어 짚어주는 동시에 양 다리를 모두 상체 쪽으로 당겼다가 다시 원래 앉아있던 자세로 돌아가는 것이다. 뒤로 손을 짚어 줄 때 손끝이 안쪽으로 향하도록 해야 넘어지지 않는다.

팔힘과 허리힘을 이용하여 몸이 최대한 접혀진 상태에서 다리를 뻗는데 다시 상체를 끌어당기려면 배에도 많은 힘이 필요하게 된다.

쓰리킥은 한 손만 바닥을 짚고 다른 한 손은 다리와 같이 위로 뻗어주는 것이다. 중심이 바닥을 짚는 한 손에 쏠리게 되므로 짚는 위치가 가장 중요하다. 투킥을 연습하지 않고 하게 되면 한 손을 짚는 위치 설정이 매우 어렵게 된다. 만약 상체를 먼저 뒤로 젖힌 후, 하체를 들게 되면 자세가 나오지 않게 되므로 하체를 먼저 올려준다는 느낌으로 한다.

② 킥웜(Kick Worm)을 위한 상세 가이드

글자 그대로 차면서 웜을 해주는 것으로 웜과는 엄연한 차이가 있다. 엎드린 상태에서 점프했다가 몸이 내려올 때 뒷발길질을 하는 것으로 가령, 오른발이 먼저 띄워져 있으면 오른발을 내리면서 왼발을 차준다. 늦게 올라가는 발을 뒤로 차주는데, 손이 바닥에 닿게 되면서 차준 다리는 떨어지게 된다. 손이 먼저 닿고 머리를 숙였다가 손을 앞으로 밀면서 가슴, 배, 다리(차준 다리가 아님), 무릎 순서로 바닥에 닿게 한다. 원칙적으로 볼 때, 차준 다리는 계속 바닥에 닿지 않도록 해야 된다.

③ 베이비(Baby Swipes)를 위한 상세 가이드

★ 베이비의 종류
　① 연속 베이비
　　베이비를 연속해서 하는 베이비.
　② 원레그 베이비
　　연속해서 할 때 한 다리로만 바닥을 짚는 베이비.
　③ 엘보우 베이비

손을 짚지 않고 팔꿈치로 연속해서 하는 베이비.

④ 베이비 1.5바퀴

완전한 1.5바퀴를 도는 것은 아님.

⑤ 베이비 2바퀴

베이비 상태로 몸을 공중에 띄워 한 바퀴 더 돔.

 이 외에도 베이비 나인틴, 베이비 윈드밀, 베이비 토마스, 베이비 헤드 스핀 등과 같이 베이비를 응용하여 브레이킹의 멋진 동작으로 들어갈 수 있다. 베이비는 바닥에 손을 짚는 위치가 기준이 된다.

위치에 따른 베이비 동작	
서서 하는 것	오른발을 차올리는 동시에 상체는 오른쪽으로 틀어주고, 양 손은 바닥에 짚을 준비를 하면서 왼발을 올려 몸을 공중에 띄우는 것이다. 착지 자세에서 허리가 들려있어야 제대로 된 포즈이다. 양 손을 바닥에 짚으면 하체는 자연히 돌아가게 되는데, 이때 허리에는 계속 힘을 주어 꼿꼿하게 버텨야 한다. 그렇지 않고 허리를 빨리 빼버리면 하체가 크게 돌지 못하는 것은 물론 자세도 엉망이 된다.
앉아서 하는 것	앉은 자세에서 손을 등 뒤로 짚고 하는 베이비는 보기와는 달리 어려운 동작이다. 앉아서 하면 손을 짚을 때 하체를 높이 띄워야 하므로 복근이 요구된다. 먼저 다리를 구부리고 앉아서 왼손은 뒤로 뻗어 짚은 다음, 허리를 들어 한두 번의 반동으로 튕겨 준다. 그리고 서서 하는 베이비와 같이 오른발을 차올리고 상체는 오른쪽으로 틀면서 왼발을 올린다. 이때, 바닥을 순간적으로 민다는 느낌으로 왼발을 세게 차서 올려주어야 한다.
누워서 하는 것	먼저 무릎을 약간 구부린 채로 바닥에 등을 대고 눕는다. 오른다리를 올려주는 동시에 상체를 오른쪽으로 틀고, 오른팔은 굽혀서 팔꿈치가 옆구리에 닿도록 몸에 붙여 준다. 여기서 상체를 재빨리 돌려주는데 바닥을 차올리는 반동은 허리로 튕겨 준다.

④ 토마스(Tomas Flare)

한 손씩 거의 바닥에 붙을 정도로 재빨리 손을 번갈아 바꾸어 주며 탄력성 있는 허리로 돌려주는 것인데 타이밍 잡기가 어려울 뿐더러 힘도 많이 든다. 발을 후리는 동작을 바탕으로 하여, 앞에서 원을 만들어 안에서 바깥쪽으로 후리는데 원을 최대한 크게 잡도록 한다.

예를 들면 다리를 양쪽으로 적당히 벌리고 눈 바로 아래쪽 바닥 정도쯤에 오른손을 짚은 상태에서 오른다리가 왼다리 바로 뒤 꿈치까지 왔을 때 허리를 들어주면서 왼발을 안쪽에서 바깥쪽으로 후리면서 앞으로 찬다. 몸이 뜨기는 하지만 손을 바꾸어 짚었을 때 떨어지는 사람은 왼발이 안 되는 것이다.

처음에 들어갈 땐 오른발을 후리고 들어와서 몸을 띄우고 난 후에는 왼발이 위로 올라가려는 자세로 몸을 띄우게 되는데 왼발이 무감각할 경우 손을 바꿔 짚자마자 떨어지게 된다. 오른발을 세게 차고 나가면 앞에서 많이 뜨는데 그것이 바로 왼발보다 오른발을 더 많이 사용하는 이유이다.

발전된 단계로 오른발이 왼발을 찼을 경우, 왼발을 몸 안쪽에서부터 바깥쪽으로 후리는 동시에 오른발은 오른쪽 위로 올린다. 이렇게 하면 공중에서 다리를 쫙 벌린 채 팔로만 지탱하게 되는데 바로 이때 타이밍이 중요하다. 오른발을 차고 나갔으면 바로 왼손으로 바꿔 짚으면서 왼발을 차고 나가는데 이것이 타이밍이다. 응용된 기술로 토마스 윈드밀, 토마스 연속, 토마스 헤드스핀, 헤드스핀 토마스 등으로 이어진다.

⑤ 윈드밀(Wind Mill)

다리를 연속해서 돌리는 것으로 백 스핀을 보다 어렵게 한 브레이킹에 속하는데 양 다리를 벌린 채 회전하면서 몸을 띄운다.

☆ **넛크래커(Nutcraker)**
  손을 다리 사이에 놓고 하는 윈드밀.

☆ **노핸드 핼로(No Handed Halo)**
  손을 대지 않고 하는 핼로.

☆ **머미(Mummy)**
  손을 가슴 쪽으로 X자로 만들어 놓고 킥만 하는 윈드밀.

☆ **무 명**
  한 손은 턱밑에 받치고 한 손은 다리 사이 또는 아무 곳에
나 두고 하는 윈드밀.

☆ **슈퍼맨(Superman)**
  팔을 몸 앞에 붙이면서 하는 윈드밀.

☆ **신문(Newspaper)**
  마치 신문을 읽고 있는 것처럼
팔을 밖으로 내민 상태에서 회전하
는 윈드밀.

☆ **신발(Shoe)**
  한쪽 발을 잡고 하는 윈드밀.

☆ **아이스박스**
  아카펠라, 히맨으로도 불리는 것으로 손을 무릎 쪽에 두고
하는 윈드밀.

☆ 에그롤(Eggroll)

기본적인 윈드밀의 하나로 다리를 찬 곳으로 다리를 떨어뜨리는데 멈출 때마다 돌려는 자세가 요구되는 윈드밀.

☆ 엑스 맨(X-men)

오른손은 왼쪽 무릎 위에, 왼손은 오른쪽 무릎 위에 두고 하는 윈드밀.

☆ 윈드밀 백 스핀, 코크 스크류

손으로 바닥을 밀면서 회전을 하고 다리는 원을 그리는 리듬에 맞추어 돌려주는 윈드밀.

☆ 윈드밀 햇 토스(Windmill Hat Toss)

윈드밀을 돌 동안 모자를 다리 사이에 두는 것.

☆ 원 핸드 핼로(One Handed Halo)

핼로와 비슷한 것으로 한 손으로 하는 윈드밀.

☆ 케이 하오스(K-haos)

손을 머리 뒤에 두고 하는 윈드밀.

☆ 크라이 베이비(Crybaby)

손으로 얼굴을 가리고 하는 윈드밀.

☆ 핼로(Halo)

몸이 바닥에 닿지 않게 하는 것으로 한 번씩 돌 때마다 몸을 잘 잡아 주어야 하고 머리도 같이 원 안에서 돌려주는 것인데 가장 어려운 윈드밀에 속함.

```
판 권
본 사
소 유
```

레츠고 힙합

2016년 8월 25일 인쇄
2016년 8월 30일 발행

지은이 I Moon Project
기획편집 I 문 기 획
자료제공 I Kick It Up
펴낸이 I 최 상 일

펴낸곳 I 태 을 출 판 사
서울특별시 중구 동화동 52-107(동아빌딩내)
등 록 I 1973 1.10(제4-10호)

ⓒ2009. TAE-EUL publishing Co.,printed in Korea
※잘못된 책은 구입하신 곳에서 교환해 드립니다

■ 주문 및 연락처
우편번호 ①⓪⓪-④⑤⑥
서울 특별시 중구 동화동 제52-107호(동아빌딩내)
전화: 2237-5577 팩스: 2233-6166

ISBN 978-89-493-0453-3   13680